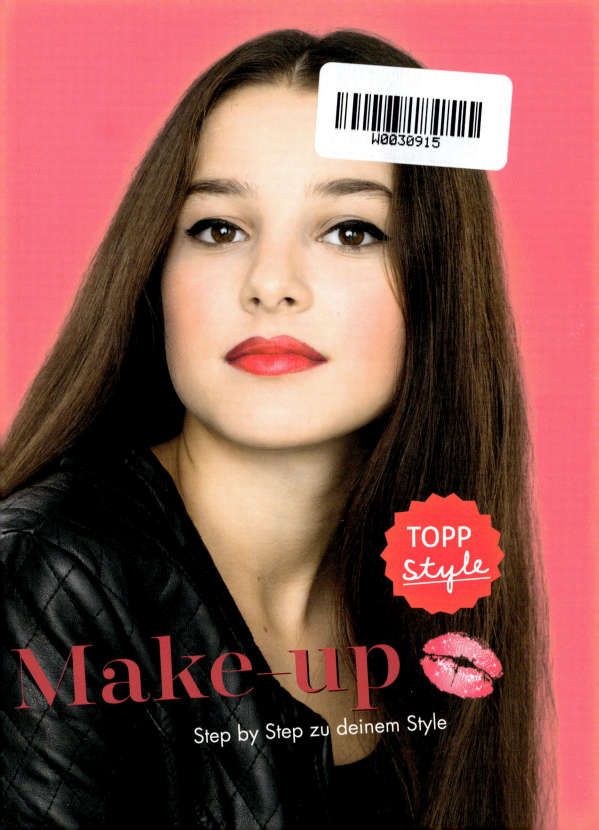

INHALT

04	*Basics*
06	Gesichtsformen
08	Farbenlehre und Hauttypen
10	Base
12	Mund
14	Wangen
16	Augen
20	Augenbrauen

22	*Styles*
24	Hübsch für jeden Tag
26	Cooler Vamp
28	Dancing Queen
30	Zarte Blumenfee
32	Die wilden 70er
34	Happy Hipster
36	Natural Beauty
38	Cat Woman
40	Black & White
42	Every Day School
44	Beach Baby
46	Smokey Eyes
48	*Impressum*

Wie betone ich am besten meine schönen blauen Augen? Welche Farben sollte ich bei meinen grünen Augen auf gar keinen Fall verwenden? Und wie trage ich eigentlich einen Lidstrich richtig auf? Diese und viele weitere Fragen möchte ich dir anschaulich in diesem Buch beantworten. Egal, ob du jetzt erst beginnst dich zu schminken, oder bereits Schmink-erfahrung hast – hier findest du 12 tolle Make-up-Looks, die du ganz einfach nachschminken kannst. Schultaugliche Alltagslooks, Styles für den Urlaub und Schmink-Guides für den Abend – für jede Gelegenheit ist etwas dabei. Tolle Schritt-für-Schritt-Anleitungen mit den passenden Fotos helfen dir dabei. Und weil ein Make-up auf einer top gepflegten Haut erst am schönsten wirkt, bekommst du auch gleich die wichtigsten Hautpflege-Tipps mit dazu. Außerdem kannst du alles Wichtige zu Materialien und Tools nachlesen. Denn nur mit dem richtigen Werkzeug kannst du die besten Ergebnisse erzielen.

So, und nun wünsche ich dir ganz viel Spaß beim Ausprobieren der Make-up-Looks!

Jutta Diehmann

Basics

Los geht's!

Ran an Töpfchen, Tiegel und Tuben! Doch wie geht man am besten vor? In diesem Kapitel lernst du alle wichtigen Basics, die du wissen solltest, bevor du mit dem Schminken der tollen Looks beginnst. Denn je besser du dein Gesicht und die Farben, die dir stehen, kennst, desto leichter geht es später.

GESICHTSFORMEN

Bevor du mit dem Schminken beginnst, schau dir einmal deine Gesichtsform ganz genau an. Sie hängt vor allem von deiner Schädelform ab, und die wird bereits vor deiner Geburt genetisch festgelegt. Sprich: Deine Gesichtsform bestimmt die richtige Schminktechnik für dein Gesicht.

Es gibt unzählige unterschiedliche Bezeichnungen der Gesichtsformen in Zeitschriften oder im Internet. Sicherlich hast du schon das eine oder andere mal darüber gelesen. Aber eigentlich ist es egal, wie welche Gesichtsform benannt wird. Wichtig sind nur die folgenden Punkte, die du ganz einfach vor dem Spiegel selber austesten kannst. Am besten bindest du deine Haare dazu streng aus dem Gesicht. Und los geht's!

Prüfe, ob dein Gesicht eher lang oder kurz ist, schmal oder breit, rundlich oder eckig. Wenn du dir alleine nicht sicher bist, frage einfach deine beste Freundin! Oder noch besser: analysiert euch doch einfach gegenseitig, das macht ohnehin viel mehr Spaß. Doch warum das alles? Für uns Make-up-Profis gibt es eine „ideale" Gesichtsform, und die ist oval. Leider hat fast niemand ein ovales Gesicht.

Und deshalb können wir durch die richtigen Schminktechniken dieses Oval optisch zaubern.

OVALES GESICHT
Ein ovales Gesicht hat die perfekten Proportionen, was Länge, Breite sowie Kanten angeht. Der Haaransatz ist abgerundet, die breiteste Stelle ist oben an den Wangenknochen, dann verläuft die Form gleichmäßig zum Kinn. Dieses ist nicht spitz, sondern auch abgerundet.

HERZFÖRMIGES GESICHT
Ist der Haaransatz gerade und das Kinn spitz, reden wir gerne vom „herzförmigen" Gesicht.

ECKIGES GESICHT
Wenn nicht nur der Haaransatz, sondern auch die Kinnpartie eher gerade verlaufen und die Unterkieferknochen sichtbar sind, handelt

oval

herzförmig

eckig

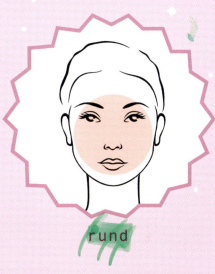
rund

es sich um ein „eckiges" Gesicht. Dieses kann zudem entweder kurz sein („würfelförmig") oder eher lang („rechteckig").

RUNDES GESICHT
Ein „rundes" Gesicht zeichnet sich dadurch aus, dass keine deutlichen Ecken sichtbar sind und die Wangenpartie flächig ist. Man sieht also die Wangenknochen nicht. Zudem ist das runde Gesicht auch kürzer als das ovale. In den meisten Fällen hat man sogar eine Mischform aus zweien oder mehreren Grundgesichtsformen.

Auf der Seite 14 gehe ich noch einmal kurz auf die unterschiedlichen Gesichtsformen ein. Denn mit dem richtigen Platzieren des Rouges erreichst du optisch die passende Form.

FARBENLEHRE UND HAUTTYPEN

Make-up soll Spaß machen. Erlaubt ist, was gefällt! Nichtsdestotrotz greifen wir Schminkprofis auf die gängige Farbenlehre und den Farbkreis von Prof. Johannes Itten zurück. Den kennst du vielleicht sogar aus dem Kunstunterricht. Denn nur mit den richtigen Farben können wir ein stilvolles, passendes Make-up zaubern. Die meisten Mädchen und Frauen wissen aber gar nicht, welche Farben zu ihnen passen. Gehörst du auch dazu? Bald nicht mehr, denn auf diesen Seiten erläutere ich, welche Schminkfarben zu dir passen.

FARBTYPOLOGIE

Grundlage der Farbbestimmung ist dein angeborener Hautunterton. Und der ist entweder warm („gelbstichig") oder kalt („rosastichig"). Wenn du es nicht auf einen Blick erkennen kannst, gibt es einen kleinen Trick: Betrachte deine Handrücken und schaue, ob die Adern, die durch die Haut schimmern, bläulich oder grünlich sind. Sind sie blau, bist du mit ziemlicher Sicherheit ein kühler Farbtyp. Erscheinen sie dir eher grün, bist du wohl ein warmer Farbtyp. Denn durch den gelbstichigen Hautunterton scheinen blaue Adern grün. Am Anfang ist es auch hilfreich, einen Blick in den Kleiderschrank zu werfen. Denn meistens greift man beim Klamotten kaufen zu seinen Lieblingsfarben. Und das spiegelt sich dann auch bei den Schminkfarben wider. Magst du gerne die warmen, erdigen Töne, wie z. B. Braun, Olivgrün oder Orange? Dann stehen dir eher die warmen Farben. Oder bist du eher der Rosa-Pink-Typ? Klarer Fall vom kühlen Farbtypen. Du siehst, es ist gar nicht so schwer.

FARBENLEHRE

Es gibt drei Gundfarben („Primärfarben"): Rot, Blau und Gelb. Aus diesen drei Farben kann man alle anderen Farben mischen. Die sogenannten „Sekundärfarben" entstehen dadurch, dass man zwei Grundfarben zu gleichen Teilen miteinander mischt. So wird aus Blau und Gelb Grün, aus Gelb und Rot entsteht Orange und aus Blau und Rot ergibt sich Violett. Gibt man z. B. etwas mehr Gelb in die Mischung, wird die Sekundärfarbe warm. Bei einem erhöhten Blauanteil wird sie kühl. Du siehst, jeder kann eigentlich jede Farbe tragen. Es kommt nur darauf an, ob sie zum Hautunterton passt.

Primär- und Sekundärfarben, die sich im Farbkreis gegenüber liegen, nennt man „Komplementärfarben". Also Rot und Grün, Gelb und Violett sowie Blau und Orange. Bei richtiger Farbauswahl kann man z. B. die Augenfarbe toll betonen. Hast du blaue Augen, dann passen alle Rosa- und Lilatöne sowie Braun perfekt. Grüne Augen vertragen Orange- und Brauntöne sowie Violett. Braune Augen können in jeder Farbe geschminkt werden, denn Braun ist eine Mischfarbe aus allen Farben. Am besten kommen sie aber zur Geltung, wenn man sie blau, violett oder grün schminkt. Generell gilt: Versuche, deine Augen nicht in der Augenfarbe zu schminken, also z. B. blaue Augen mit blauem Lidschatten. Denn ein blauer Stuhl vor einer blauen Wand sieht ja auch langweilig aus. Arbeite lieber mit den Komplementärfarben.

BASE

Wenn wir von „Grundierung" oder „Foundation" sprechen, meinen wir das, was gemeinhin als „Make-up" bekannt ist. Also das Grundieren des Gesichtes zur Vorbereitung auf die restliche Schminke. Es gibt unzählige Foundations zu kaufen. Wähle die Foundation immer passend zu deinem Hauttyp aus.

Hast du eher ölige Haut, dann sollte die Grundierung ölfrei sein („oil free") und lange halten („stay on", „long lasting"). Diese Foundations haben in der Regel auch eine höhere Deckkraft, denn ölige Haut ist oft unrein und die Grundierung soll deine Pickelchen ja schließlich verdecken. Bei trockener Haut solltest du zu einer leichten, feuchtigkeitsspendenden Foundation („moisturizing") greifen. Toll für einen natürlichen Look sind die sogenannten „Mineral Make-ups". Sie bestehen aus natürlichen, gemahlenen Mineralien und natürlichen Farbpigmenten. Auch „BB-Creams" oder „CC-Creams" sind eine tolle Alternative für die eher trockene Haut. Sie spenden Feuchtigkeit und haben eine ganz leichte Deckkraft. Wichtig ist, die Haut vor dem Auftragen der Foundation hauttypgerecht zu pflegen. Beginne erst, wenn die Tagescreme vollständig eingezogen ist, sonst gibt es unschöne Flecken.

FARBAUSWAHL

Die passende Farbe deiner Foundation solltest du unbedingt am Übergang vom Kinn zum Hals testen. Erst wenn kein Unterschied zu erkennen ist, hast du die perfekte Farbe für dich gefunden. Keine Sorge, meistens kommt einem die Farbe dann etwas zu hell vor, weil der Hals immer etwas heller ist, als das Gesicht. Aber so ist der Eindruck insgesamt stimmig und am Hals entstehen keine dunklen Ränder.

AUFTRAGETECHNIKEN *INTERESSANT*

Eine flüssige Foundation trägst du am besten mit einem Make-up-Schwämmchen oder einem flachen Foundation-Pinsel auf. Lieber nicht die Finger nehmen, denn dann wird das Ergebnis nicht schön gleichmäßig. Gib einfach etwas Grundierung auf deinen Handrücken, nimm sie von dort Schritt für Schritt mit dem Schwämmchen oder Pinsel auf und verteile sie gründlich im Gesicht. Vorsicht am Haaransatz! Lasse die Foundation an Kinn und Unterkiefer leicht nach unten auslaufen. Wir Profis nennen das „ausblenden". So vermeidest du dunkle Ränder.

AUFHELLEN UND ABDECKEN

Wenn du z. B. dunkle Augenschatten hast, kannst du diese nach dem Grundieren mit einem „Concealer" aufhellen. Concealer (kommt von „to conceal – verstecken") sind kleine Zauberstifte, mit denen du ruckzuck Schatten, Unebenheiten oder Pickelchen verschwinden lassen kannst. Es gibt sie in verschiedenen Farben. Achte auch hier auf deinen Farbtypen. Gelbstichige Concealer sind ideal für die warmen Farbtypen, rosastichige für die kühlen. Hast du bläuliche Schatten, verwende einen gelbstichigen Concealer. Sind die Schatten gräulich/violett, sollte der Concealer eine orange Basis haben. Einfach auf die betroffenen Stellen auftragen und mit den Fingern sorgfältig ausblenden.

FIXIEREN/PUDER

Eine flüssige Foundation sollte nach dem Auftragen mit einem losen Puder fixiert werden. So erhältst du zum einen ein matteres Finish, zum anderen hält die Grundierung wesentlich länger. Achte auch hier bitte auf die richtige Farbe. Im Zweifelsfall lieber einen Ton heller wählen. Du kannst den Puder entweder mit einem Puderpinsel auftragen (ideal bei trockener Haut) oder eine Puder-

quaste für ölige Haut oder Mischhaut nehmen. Damit kannst du den Puder sorgfältig in die Haut einarbeiten („pattern"). Kompaktpuder ist gut für unterwegs, wenn du zwischendurch nachpudern möchtest. Fixierst du deine Grundierung aber mit einem Kompaktpuder, kann es schnell mal fleckig werden.

> **Profi-Tipp**
> Lasse dir bei der Grundierung Zeit! Sie darf ruhig in etwa die Hälfte der Zeit des kompletten Make-ups in Anspruch nehmen.

MUND

Auch bei den Lippen gibt es Tricks und Kniffe, um ihnen einen perfekten Look zu verpassen.

Prüfe zunächst, ob die Proportionen der Ober- zur Unterlippe gleich sind. An der Oberlippe misst du etwa vom höchsten Punkt des Mundes den Abstand bis zur Mundmitte und an der Unterlippe den Abstand von der unteren Kante der Lippen bis zur Mundmitte.

Bei fast keinem Menschen sind diese Proportionen identisch. Ist z. B. deine Oberlippe etwas zu schmal, kannst du sie optisch größer erscheinen lassen. Hierfür platzierst du den Lippenkonturenstift exakt auf der sogenannten „weißen Kontur". Das ist die helle Linie, die deine Lippen direkt umrandet. Aber Achtung: Nicht zu weit nach oben konturieren, sonst sieht es schnell sehr unnatürlich aus.

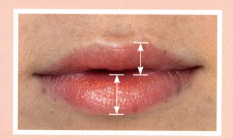

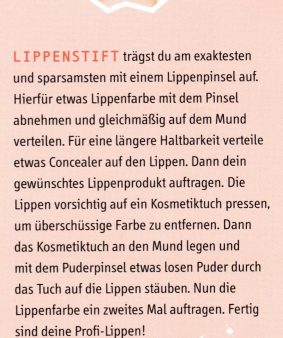

KLEINE, SCHMALE LIPPEN schminkt man am besten mit hellen, glossigen Tönen. Diese lassen sie größer und üppiger erscheinen. Auch kann man nach dem Auftragen des Lippenstiftes einen Tupfer hellen Lipgloss auf die Lippenmitte platzieren, das macht sie schön plastisch.

BREITE, GROSSE LIPPEN lieber mit mittleren bis dunklen, matten Farben schminken. Um große Lippen kleiner erscheinen zu lassen, kann man den Konturenstift etwas innerhalb der Lippenkontur entlang auftragen und leicht nach innen verwischen. Achte beim Konturenstift darauf, dass er dieselbe Farbe hat, wie der Lippenstift. Maximal einen Ton dunkler wählen, sonst sieht es unnatürlich aus.

LIPPENSTIFT trägst du am exaktesten und sparsamsten mit einem Lippenpinsel auf. Hierfür etwas Lippenfarbe mit dem Pinsel abnehmen und gleichmäßig auf dem Mund verteilen. Für eine längere Haltbarkeit verteile etwas Concealer auf den Lippen. Dann dein gewünschtes Lippenprodukt auftragen. Die Lippen vorsichtig auf ein Kosmetiktuch pressen, um überschüssige Farbe zu entfernen. Dann das Kosmetiktuch an den Mund legen und mit dem Puderpinsel etwas losen Puder durch das Tuch auf die Lippen stäuben. Nun die Lippenfarbe ein zweites Mal auftragen. Fertig sind deine Profi-Lippen!

WANGEN

Viele Mädchen und Frauen stehen mit Rouge auf Kriegsfuß. Schade eigentlich, denn mit dem richtigen Platzieren kannst du deine Gesichtsform enorm optimieren.

Wenn du bereits etwas geübter im Schminken bist, kannst du auch mal verschiedene Auftragetechniken ausprobieren und damit deinem Gesicht ganz unterschiedliche Looks geben. Die ideale Gesichtsform kennst du von Seite 6: Das Oval.

Im Handel gibt es Puderrouge und Cremerouge. Puderrouge ist das ideale Alltagsprodukt und wird mit einem abgeschrägten Rougepinsel aufgetragen. Cremerouge ist eher für ganz trockene Haut geeignet, benötigt aber etwas Übung beim Auftragen. Dafür benutzt du am besten deine Fingerkuppen.

Betrachte dich zunächst im Spiegel und fühle den Verlauf deines Wangenknochens. Bei schmalen Gesichtern sollte das Rouge eher auf dem Wangenknochen quer und flächig Richtung Gesichtsmitte aufgetragen werden (auf dem Bild linke Wange). Bei breiteren, eher kürzeren Gesichtern schminkst du das Rouge unterhalb deines Wangenknochens in länglicher Form Richtung Mundwinkel (auf dem Bild rechte Wange). Aber Achtung, kurz vor den Falten zwischen Nase und Mund (Nasolabialfalten) muss das Rouge ausgeblendet werden.

Suche dir die passende Rougefarbe aus. Achte auch hier bitte auf deinen Farbtyp sowie die Farben des restlichen Make-ups. Du musst nicht immer Ton-in-Ton schminken. Hast du deine Augen in Brauntönen geschminkt, benutze ein Rouge in Apricot oder Rosé. Bronzepuder sind übrigens eine tolle Alternative und geben dem Gesicht einen natürlichen Look. Sie sind besonders geeignet für die kühlen Farbtypen, die das Augen-Make-up in Rosatönen geschminkt haben.

Nimm etwas Rouge mit dem Rougepinsel auf und drücke es auf dem Handrücken oder einem Kosmetiktuch ab, um überschüssige Farbe loszuwerden. Lieber dezent anfangen und später noch etwas mehr darüber geben. Beginne unbedingt oberhalb des Wangenknochens und arbeite dich langsam Richtung Gesichtsmitte vor. Übe wenig Druck aus, wie wenn du kleine Wölkchen malen würdest. Bei zu viel Druck wird das Rouge fleckig. Zwischendurch immer mal frontal im Spiegel betrachten und gegebenenfalls korrigieren. Bei Rouge gilt: Weniger ist mehr! Vor allem für tagsüber. Abends darf es aber ruhig mal etwas mehr sein.

Profi-Tipp
Bei öliger Haut und vergrößerten Poren bitte kein Rouge mit Schimmer- oder Glanzpartikeln verwenden, sonst sieht die Haut unschön fleckig und matschig aus.

AUGEN

Wie beim Gesicht gibt es auch bei den Augenformen Unterschiede. Und natürlich auch eine ideale Form.

Jedes Auge ist anders und sollte daher auch entsprechend geschminkt werden. Zunächst ist der Augenabstand wichtig. Dieser ist dann ideal, wenn zwischen beiden Augen noch ein „drittes Auge" Platz findet. Am besten misst du das mit den Fingern aus. Daumen und Zeigefinger jeweils am inneren und äußeren Augenwinkel anlegen und die Breite bestimmen. Dann die Fingern in diesem Abstand halten und die Fläche zwischen den Augen ausmessen.

Meistens liegen die Augen eher enger zusammen oder weiter auseinander. Hierfür gibt es ganz einfache Tricks beim Schminken: Liegen deine Augen eng zusammen, schminke helle Farben innen und dunkle außen. Der Lidstrich kann etwas über den äußeren Augenwinkel hinaus verlängert werden. Hast du einen weiten Augenabstand, solltest du dunkle Farben bis in den inneren Augenwinkel schminken.

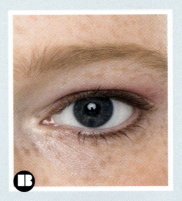

KLEINE AUGEN schminkt man eher in hellen bis mittleren Farben, dadurch wirken sie größer. Auch Glanzfarben sind hier gut geeignet. Einfach einen helleren Lidschattenton auf das bewegliche Lid auftragen (A). Dann einen dunkleren Ton nehmen und die Lidfalte betonen (B). Den unteren Wimpernkranz mit einem Kajal konturieren (C). Wimpern kräftig tuschen (D).

GROSSE AUGEN vertragen auch mittlere bis dunkle Farben. Nach dem Auftragen des Lidschattens die Augen mit einem Lidstrich betonen. Einen dunklen Kajal auf das untere Innenlid auftragen. Wimpern nicht zu kräftig tuschen.

Beim Verwenden von **LIDSCHATTEN** spielen wir mit den Grundregeln der Visagistik, nämlich dem Kontrast von Hell und Dunkel. Schminkanfängerinnen beginnen am besten damit, dass sie sich eine passende Lidschattenfarbe komplementär zur Augenfarbe und passend zur Augenform aussuchen. Mit dieser Farbe wird das komplette bewegliche Lid (Liddeckel) bis zur Lidfalte geschminkt. Danach sorgfältig einen helleren Ton unter der Augenbraue ausblenden **(A)**. Geübtere können mit einer dunkleren Lidschatten-Farbe noch die Lidfalte konturieren. Hierbei orientiert man sich am Augenhöhlenknochen. Mit dem Schwamm- Applikator oder einem Lidschatten-Pinsel die dunklere Farbe von außen nach innen schminken. Übergänge ausblenden **(B)**.

Um das **AUGE ZU KONTURIEREN,** nimmst du am besten einen gut angespitzten Kajalstift. Leg den Kopf etwas in den Nacken und blicke nach unten in den Spiegel. Setze den Kajalstift außen an und ziehe eine gerade Linie entlang des oberen Wimpernkranzes. Am besten geht es, wenn du die Linie strichelst und nicht in einem durchziehst. Bei Bedarf kannst du mit der anderen Hand dein Lid etwas straffen, indem du es am höchsten Punkt der Augenbraue festhältst. Bitte niemals (!!!) seitlich nach außen ziehen! Lasse den Kajal nach ca. zwei Dritteln nach innen sanft auslaufen. Wenn dir die Linie zu hart ist, einfach mit einem Wattestäbchen verblenden. Für einen dramatischeren Look verwende für den oberen Lidstrich einen flüssigen Eyeliner oder Gel-Eyeliner (siehe Seite 26/27).

WIMPERNTUSCHEN (MASCARA) gibt es wie Sand am Meer. Du brauchst wahrscheinlich einige Versuche, die passende zu finden. Tusche immer zuerst die unteren Wimpern, wobei du nach oben schaust, und danach die oberen, wobei du nach unten schaust. So kann nichts auf dem Oberlid klecksen! Einfach das Wimpernbürstchen herausdrehen, abstreifen, am Wimpernkranz ansetzen und in Zickzack-Bewegungen die Wimpern tuschen, dabei bei den unteren Wimpern das Bürstchen nach vorne, bei den oberen nach oben ziehen. So erreichst du auch die feinen Härchen dazwischen. Achte darauf, dass die äußeren Wimpern beim Tuschen schön nach außen gebogen werden. Dies garantiert einen tollen Augenaufschlag!

Profi-Tipp
Vermeide schwarze Balken um die Augen herum. Das macht die Augen extrem klein und lässt dich müde aussehen.

AUGENBRAUEN

Augenbrauen sind eine der wichtigsten Konturen in deinem Gesicht. In die ideale Form gebracht sind sie ein perfekter Rahmen für deine schönen Augen.

Wie bei den Gesichtsformen gibt es auch bei den Augenbrauen optimale Proportionen. Zunächst solltest du dir deine aktuelle Augenbrauenform in Ruhe anschauen. Setze dich vor einen Spiegel und nimm am besten einen Pinsel mit einem dünnen Stiel zur Hand.

A Der Beginn der Augenbraue sollte in senkrechter Linie vom inneren Augenwinkel nach oben gehen.

B Das Ende der Augenbraue bildet eine diagonale Linie von der Lippenmitte über den äußeren Augenwinkel hinaus bis zum Ende der Brauen.

C Eine gut proportionierte Braue steigt von innen zwei Drittel bis zum höchsten Punkt an, das letzte Drittel fällt nach außen ab. Der höchste Punkt der Brauen bildet eine verlängerte Linie von der Lippenmitte diagonal durch die Pupille. Beide Brauen sollten eine waagerechte gleichmäßige Linie von einem höchsten Punkt zum anderen bilden.

Bei einem engeren Augenabstand (siehe Seite 16) sollte die Braue innen etwas entfernt und nach außen hin optisch verlängert werden. Bei weiter auseinander stehenden Augen ist es genau das Gegenteil.

Wenn deine Augenbrauen nicht die für dein Gesicht passende Form haben, kannst du mit ein paar einfachen Tricks etwas nachhelfen. Dafür brauchst du eine Pinzette, ein Wimpernbürstchen, Wattepads, Gesichtswasser, einen Augenbrauenstift, alternativ ein Augenbrauen- oder Lidschattenpuder in der passenden Farbe und einen Brauenpinsel. Ein Spiegel und gutes Licht sind ebenfalls hilfreich.

Bürste zunächst deine Augenbrauen. Ermittle die Proportionen mithilfe des Pinselstils wie links beschrieben. Zum Zupfen der Brauen spanne die Haut um die zu entfernende Partie gut an. Dann zupfe einzelne Härchen mit einem Ruck in Wuchsrichtung aus. Achte darauf, dass die obere Kontur nicht verändert wird, denn diese gibt die Form der Brauen vor. Lediglich Härchen zwischen sowie unter den Brauen sollten entfernt werden. Zwischendurch kannst du etwas Gesichtswasser auf ein Wattepad geben und über die Brauen wischen, das erfrischt. Damit kannst du auch herabfallende Härchen entfernen. Kleine Lücken oder eine fehlende Kontur oben kannst du bequem auffüllen. Nimm hierzu einen Augenbrauenstift oder etwas matten Lidschatten- oder Brauenpuder, den du mit einem schrägen Pinsel aufträgst.

Zum Schluss mit dem Wimpernbürstchen bürsten, damit keine harten Kanten entstehen. Um störrische Härchen zu bändigen, gib entweder etwas Haarspray auf das Wimpernbürstchen oder benutze ein farbloses Augenbrauengel.

Styles

Ob blond oder rothaarig, ob schwarz- oder braunhaarig – für jeden Typen gibt es tolle Make-up Looks! In diesem Kapitel stelle ich dir zwölf ganz unterschiedliche Schminktechniken für jede Gelegenheit vor. Denn egal, ob du einen natürlichen Look für jeden Tag suchst, dich für den Abend aufstylen möchtest oder einen wasserfesten Strandlook brauchst, hier findest du garantiert etwas Passendes! Auf den nächsten Seiten zeige ich dir Schritt für Schritt, wie du den entsprechenden Look ganz einfach nachschminken kannst.

HÜBSCH FÜR JEDEN TAG

Auch für Anfängerinnen gut geeignet

1. Trage mit einem Lidschattenpinsel einen hellbraunen Lidschatten auf das komplette bewegliche Lid auf.

2. Nimm nun einen dunkelbraunen Lidschatten und betone damit nur die äußere Ecke des Lids, etwa in Form eines Dreiecks.

3. Achte darauf, dass die Kontur des dunklen Lidschattens bei offenem Auge bis zur Lidfalte geschminkt ist.

4. Tusche deine Wimpern mit brauner oder schwarzer Mascara.

5. Die Lippen bekommen einen schimmernden Look mit einem zarten Lipgloss.

6. Zum Schluss trage etwas Rouge auf.

Fertig ist dein „Every Day Look".

Profi-Tipp

Ein flüssiger Lidstrich benötigt etwas Trocknungszeit, bevor du das Auge wieder öffnest. Warte also lieber einige Sekunden, sonst verschmiert er und ist nur sehr schwer wieder zu entfernen!

COOLER VAMP

Für geübte Schminkerinnen

1 Nimm einen hellen, beigefarbenen Lidschatten und trage diesen auf dem kompletten Lid bis unter die Augenbrauen auf.

2 Mit einem flüssigen Eyeliner ziehst du nun eine exakte Linie am oberen Wimpernkranz entlang.

3 Verlängere den Lidstrich außen in einem leichten Schwung nach oben, so dass er bei geöffnetem Auge gut erkennbar ist. Tusche die Wimpern sorgfältig mit schwarzer Mascara.

4 Mit einem roten Konturenstift umrandest du ganz exakt deine Lippen und schattierst den Mund etwas Richtung Lippenmitte.

5 Nimm nun einen passenden roten Lippenstift und male die kompletten Lippen mithilfe eines Lippenpinsels sorgfältig aus.

6 Platziere das Rouge entlang des Wangenknochens. Bei diesem Look darf es gerne etwas kräftiger sein.

Am besten passt dieses Make-up zu coolen schwarzen Klamotten.

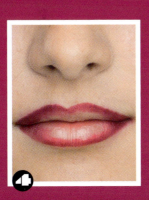

DANCING QUEEN

Für geübtere Schminkerinnen

■ Trage einen hellen, schimmernden Lidschatten auf das innere Drittel des Lides auf. Wähle nun einen zu deinem Outfit passenden kräftigen, schimmernden Lidschatten (z. B. in Türkis) und trage ihn auf dem inneren Drittel des beweglichen Lides auf.

❷ Mit einer dunklen Kontrastfarbe (z. B. in Violett) schattierst du nun das äußere Drittel des Lides.

❸ Nimm einen knalligen Kajalstift, passend zu den Lidschattenfarben, und trage ihn am oberen und unteren Wimpernkranz auf.

❹ Mit schwarzer Wimperntusche kräftig tuschen.

❺ Nimm einen Lipgloss in einer kräftigen Farbe (z. B. in Himbeerrot) und schminke deine Lippen. Mit etwas Rouge auf den Wangenknochen beendest du dein Werk.

Ab geht's auf die Piste!

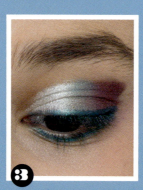

Profi-Tipp
Je kräftiger die Farben, desto sorgfältiger und akkurater musst du arbeiten! Denn dunkle Farben verzeihen keine Fehler...

ZARTE BLUMENFEE

→ *Auch für Anfängerinnen gut geeignet*

1 Mit einem hellrosa Lidschatten schminkst du das komplette Lid bis unter die Augenbrauen.

2 Nimm nun einen dunkleren, rosenholzfarbenen Lidschatten und schattiere die Lidfalte entlang des Augehöhlenknochens.

3 Mit einem braunen Kajalstift zeichne eine Linie entlang des unteren Wimpernkranzes. Beginne außen und blende ihn nach innen sanft aus.

4 Dasselbe machst du auch am oberen Wimpernkranz. Anschließend tuschst du deine Wimpern noch oben und unten mit einer braunen Mascara.

5 Trage nun einen rosafarbenen Lipgloss auf.

6 Zu diesem Look passen am besten „Apfelbäckchen". Hierfür trägst du das Rouge in kreisenden Bewegungen nur auf die Bäckchen auf.

Ein hübsches Blümchenkleid macht diesen zarten Look perfekt!!

Profi-Tipp

Für einen exakten Lidstrich am oberen Wimpernkranz lege den Kopf etwas in den Nacken und schaue dann nach unten in den Spiegel vor dir.

DIE WILDEN 70er

Auch für Anfängerinnen gut geeignet

1 Mit einem hellgrünen schimmernden Lidschatten schattierst du das komplette bewegliche Lid.

2 Nimm nun einen orangefarbenen Lidschatten und ziehe eine Linie unterhalb des unteren Wimpernkranzes. Diese Linie darf ruhig etwas kräftiger sein.

3 Mit schwarzer Mascara tusche nun deine Wimpern zwei bis drei Mal. Achte bei diesem Look darauf, dass vor allem die unteren Wimpern so richtig zusammenkleben.

4 Einen orangefarbenen Lipgloss auftragen und die Wangen leicht mit Rouge schminken.

Fertig ist dein Retro-Look im Stil der 70er!!

❶

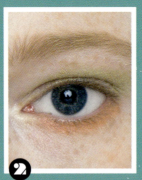
❷

❸

❹

HAPPY HIPSTER

Für geübte Schminkerinnen

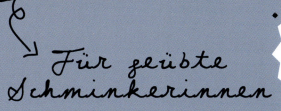

1 Wähle einen kräftigen Lidschattenton komplementär zu deiner Augenfarbe (z. B. in Mauve) und schminke das bewegliche Lid bis etwas über den äußeren Augenwinkel hinaus.

2 Mit derselben Farbe ziehe nun eine Linie unterhalb des unteren Wimpernkranzes und verbinde sie im äußeren Augenwinkel mit dem oberen Lidschatten.

3 Mit einem schwarzen Kajalstift eine exakte Linie am oberen Wimpernkranz ziehen.

4 Trage den schwarzen Kajal unten im Innenlid auf. Diese Linie nennt man auch eine „Wasserlinie".

5 Wimpern kräftig tuschen und einen beigefarbenen Lipgloss auf die Lippen auftragen.

6 Platziere das Rouge unterhalb des Wangenknochens in einer geraden Linie Richtung Mundwinkel. Das gibt deinem Gesicht eine kräftige Kontur.

Und fertig ist dein cooler Hipster Look!

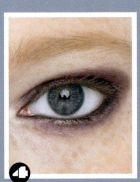

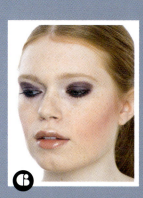

NATURAL BEAUTY

Auch für Anfängerinnen gut geeignet

1 Nimm einen matten rosé- oder beigefarbenen Lidschatten und trage ihn auf das komplette bewegliche Lid auf.

2 Schattiere nun mit einem dunkleren Ton (z. B. in Bronze) den äußeren Augenwinkel.

3 Nachdem du die unteren und oberen Wimpern getuscht hast, trage einen weißen oder cremefarbenen Kajal unten auf die Wasserlinie, also im Innenlid, auf.

4 Schminke die Lippen mit einem dezenten Gloss und trage das Rouge nur ganz leicht entlang der Wangenknochen auf.

Mit diesem natürlichen Make-up siehst du immer gepflegt und nahezu „ungeschminkt" aus!

CAT WOMAN

Für geübte Schminkerinnen

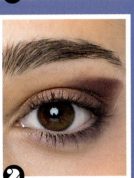

1 Nimm einen kräftigen, hellen bis mittleren Lidschatten (z. B. in Orange) und schminke das bewegliche Lid.

2 Mit einer komplementären dunkleren Farbe (z. B. in Violett) schattiere die äußere Ecke der Augen und verlängere die Spitze dabei etwas nach außen.
Bei geöffneten Augen zeigen die Spitzen Richtung Augenbrauenende, ähnlich wie bei Katzenaugen.

3 Ziehe nun am oberen Wimpernkranz mit einem schwarzen Kajal eine Linie.

4 Am unteren Lidrand sowie auf der Wasserlinie im Innenlid schminkst du nun einen weiteren Kajalstrich. Diesen kannst du am Wimpernkranz leicht verwischen. Danach tusche die Wimpern sorgfältig.

5 Die Lippen werden mit einem kräftigen Gloss betont, die Wangen mit etwas Rouge konturiert.

Fertig ist dieser coole Ausgeh-Look!

BLACK & WHITE

→ *Für geübte Schminkerinnen*

1 Mit einem hellen, schimmernden Lidschatten (z. B. in Silber, Creme oder Weiß) schminkst du das komplette Lid bis unter die Augenbrauen.

2 Nimm nun einen dunkelgrauen oder schwarzen Lidschatten und betone damit die Ecken des äußeren Augenlides.

3 Am unteren Wimperkranz trägst du schwarzen Kajal auf und verwischst diesen leicht.

4 Ziehe nun am oberen Wimperkranz einen kräftigen schwarzen Lidstrich.

5 Bevor du die Wimpern tuschst, verteile den hellen Lidschatten im inneren Augenwinkel und blende ihn leicht unterhalb des unteren Wimpernkranzes aus.

6 Die Lippen betonst du mit einem kräftigen Lipgloss (z. B. Weinrot oder Braunrot).

7 Zum Schluss trägst du ein zum Lipgloss farblich passendes Rouge entlang des Wangenknochens auf.

Und nun rein in eine tolle Klamotte und ab geht's in den Club!

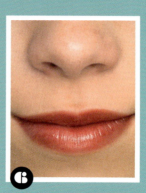

EVERY DAY SCHOOL

↪ *Auch für Anfängerinnen gut geeignet*

1 Trage einen beigefarbenen oder hellbraunen Lidschatten auf das bewegliche Lid auf.

2 Nimm nun eine braune oder schwarze Mascara und tusche dir sorgfältig erst die unteren, dann die oberen Wimpern.

3 Mit einem Lipgloss in Beige oder in Rosé betonst du dezent deine Lippen.

4 Auf den Wangenknochen trägst du ganz leicht ein pfirsichfarbenes Rouge auf.

Diesen dezenten Look kannst du problemlos täglich für die Schule auftragen.
Tasche packen, Pausensnack rein und ab geht's in die Schule!

❶

❷

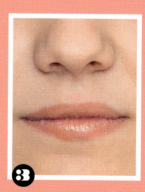
❸

❹

Profi-Tipp

Bevor du mit dem Lidschatten beginnst, trage unbedingt eine Lidschatten-Grundierung (Eye Shadow Base) auf das komplette Lid auf und verteile diese sorgfältig. Sie macht das Augen-Make-up wasserfest.

BEACH BABY

Auch für Anfängerinnen gut geeignet

1 Schminke das komplette Lid mit einem bronzefarbenen Lidschatten. Blende diesen bis unter die Augenbrauen aus.

2 Mit derselben Farbe schattierst du eine Linie unterhalb des unteren Wimpernkranzes.

3 Nimm nun einen türkisfarbenen Kajal und male ihn kräftig auf die Wasserlinie, also auf das Innenlid.

4 Tusche die Wimpern mit einer wasserfesten Mascara („waterproof") und gib etwas in Rosé schimmernden Gloss auf die Lippen.

5 Für den perfekten Beach-Look tupfe bronzefarbenes Highlighter-Fluid auf die Wangenknochen, den Nasenrücken, oberhalb der Nasenwurzel und auf das Kinn.

6 Blende die Übergänge mit den Fingerkuppen sanft aus.

Jetzt noch die Haare in kleine Zöpfchen entlang des Kopfes einflechten und fertig ist der perfekte Sommer-Sonne-Strand-Look!

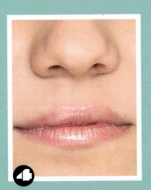

SMOKEY EYES

Für geübte Schminkerinnen

1 Trage einen dunklen Lidschatten (z. B. in Dunkelgrau) sorgfältig auf das bewegliche Lid auf.

2 Nimm denselben Eye Shadow und schattiere eine Linie unterhalb des unteren Wimpernkranzes. Verbinde beides im äußeren Augenwinkel.

3 Ziehe mit einem schwarzen Kajal einen Lidstrich am oberen Wimpernkranz und verwische ihn leicht.

4 Schminke nun den unteren Wimpernkranz ebenso und verwische sanft die Linie. Für einen intensiven Look gib etwas schwarzen Kajal auf die Wasserlinie, also auf das untere Innenlid.

5 Nimm nun einen Augenbrauenstift und zeichne die Augenbrauen nach.

6 Tusche die unteren und oberen Wimpern jeweils zwei Mal für einen intensiveren Ausdruck.

7 Schminke die Lippen dezent mit einem hellen Lipgloss.

8 Konturiere deine Wangen leicht mit einem Rouge.

Zu Smokey Eyes passen am besten glatte Haare und ein cooles Outfit!!

Profi-Tipp
Wenn du mit dunklen Lidschattenfarben arbeitest, tupfe dir reichlich losen Puder auf die Jochbeinknochen. So kannst du heruntergebröselten Lidschatten streifenfrei mit einem Wattepad in einem Wisch entfernen!

Nach einer kaufmännischen Fremdsprachenausbildung und mehreren Jahren Bürotätigkeit absolvierte **Jutta Diekmann** im Jahre 1999 eine Ausbildung zur Visagistin. Es folgten zahlreiche Weiterbildungen zum Make-up-Artist, speziell im Bereich Langhaarfrisuren. Seit 2002 betreibt Jutta Diekmann sehr erfolgreich ein eigenes Studio für Make-up, Kosmetik und Hairstyling in Ludwigsburg. Seitdem arbeiten sie und ihr Team auch in den Bereichen Fotoshootings, Events, Laufsteg und Fernsehmaske. Im Privatkundenbereich hat sich das Team auf Hochzeitsstylings und Schminkkurse spezialisiert. 2005 gründete sie die Visagistenschule „Diekmann Face Art Academy", an der jeder Interessierte Kurse in den Bereichen Make-up und Hairstyling belegen kann. Nähere Infos unter www.diekmann-faceart.de

DANKE!
Der Dank der Redaktion geht an die tollen Models Adriana, Céline, Eva und Sarah: Das war ein super Shooting! Ein großes Dankeschön geht auch an die dm-drogerie markt GmbH & Co. KG, Karlsruhe für die Unterstützung des Buches durch ihre Make-up-Produkte alverde, ebelin und trend-it-up.

KREATIV-HOTLINE

Hilfestellung zu allen Fragen, die Materialien und Bastelbücher betreffen:
Frau Erika Noll berät Sie. Rufen Sie an oder schreiben Sie eine E-Mail!

Telefon: 0 50 52 / 91 18 58*   E-Mail: mail@kreativ-service.info
*normale Telefongebühren

IMPRESSUM

FOTOS: frechverlag GmbH, 70499 Stuttgart, Sandra Wolf Fotografie, Stuttgart
ILLUSTRATIONEN: © YuliaGlam, www.fotosearch.de: Cover, Seite 1, 12; design fgb, www.despositphotos.com: Cover, Seite 23; Ma-lina, www.istockphoto.com: Seite 7; Azurhino, www.shutterstock.com: Seite 9
PRODUKTMANAGEMENT: Mirjam Schilling
LEKTORAT: Melissa Brosig, Bonn, Anne-Katrin Brode
LAYOUT: Julia Fink
UMSCHLAGGESTALTUNG UND HERSTELLUNG: Katrin Röhlig
SATZ: Claudia Adam Graphik Design, Darmstadt
DRUCK UND BINDUNG: GPS Group GmbH, Österreich

Materialangaben und Arbeitshinweise in diesem Buch wurden von der Autorin und den Mitarbeitern des Verlags sorgfältig geprüft. Eine Garantie wird jedoch nicht übernommen. Autorin und Verlag können für eventuell auftretende Fehler oder Schäden nicht haftbar gemacht werden. Das Werk und die darin gezeigten Modelle sind urheberrechtlich geschützt. Die Vervielfältigung und Verbreitung ist, außer für private, nicht kommerzielle Zwecke, untersagt und wird zivil- und strafrechtlich verfolgt. Dies gilt insbesondere für eine Verbreitung des Werkes durch Fotokopien, Film, Funk und Fernsehen, elektronische Medien und Internet sowie für eine gewerbliche Nutzung der gezeigten Modelle. Bei Verwendung im Unterricht und in Kursen ist auf dieses Buch hinzuweisen.

9. Auflage 2020
© 2016 **frechverlag** GmbH, Turbinenstraße 7, 70499 Stuttgart
ISBN 978-3-7724-4203-2 • Best.-Nr. 4203